Impressum
Verlag: BABADADA GmbH, Nedderfeld 112 , 22529 Hamburg
Geschäftsführer / Verlagsleitung: Harald Hof
Druck: Books on Demand GmbH, In de Tarpen 42, 22848 Norderstedt

Imprint
Publisher: BABADADA GmbH, Nedderfeld 112 , 22529 Hamburg, Germany
Managing Director / Publishing direction: Harald Hof
Print: Books on Demand GmbH, In de Tarpen 42, 22848 Norderstedt

skola

學校

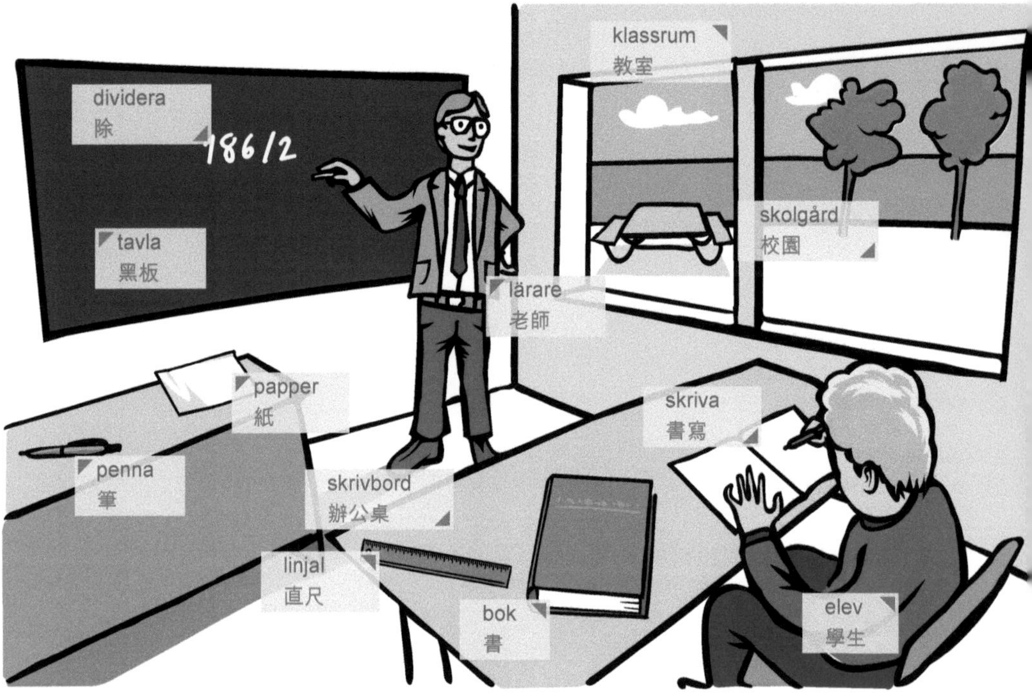
klassrum
教室
dividera
除
186/2
tavla
黑板
skolgård
校園
lärare
老師
papper
紙
skriva
書寫
penna
筆
skrivbord
辦公桌
linjal
直尺
bok
書
elev
學生

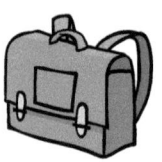

skolväska

書包

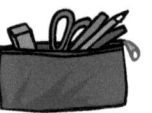

pennfodral

鉛筆盒

blyertspenna

鉛筆

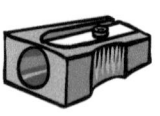

pennvässare

削鉛筆機

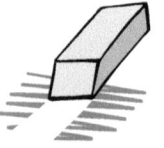

suddgummi

橡皮擦

ritblock

畫板

teckning

圖畫

pensel

畫筆

målarlåda

顏料盒

sax

剪刀

lim

膠水

övningsbok

練習冊

hemläxa

家庭作業

tal

數字

addera

加

subtrahera

減

multiplicera

乘

räkna

計算

bokstav

字母

alfabet

字母表

ord

字

text

課文

läsa

讀

krita

粉筆

lektion

上課

register

登記

prov

考試

intyg

證書

skoluniform

校服

utbildning

教育

uppslagsverk

百科全書

universitet

大學

mikroskop

顯微鏡

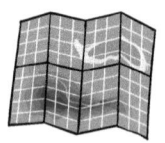

karta

地圖

papperskorg

廢紙簍

resa
旅行

hotell
飯店
Grand
vandrarhem
青年旅社
ROOMS
växelkontor
外幣兌換處
resväska
手提箱
bil
汽車

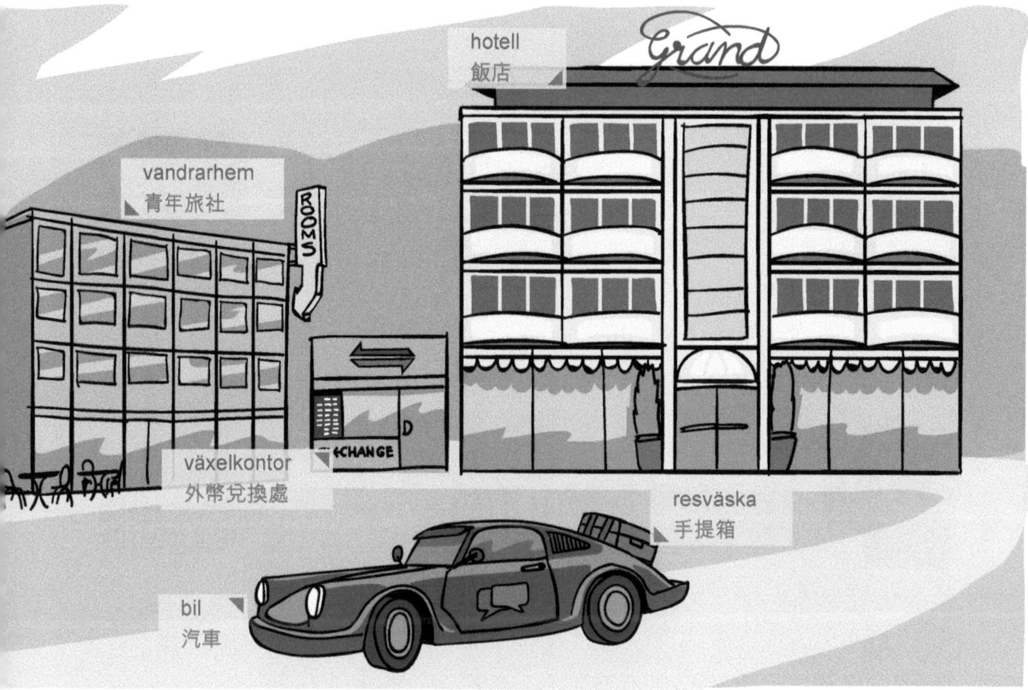

språk

語言

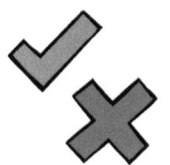

ja / nej

是/否

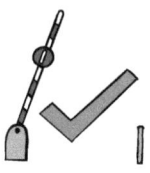

Okay

好的

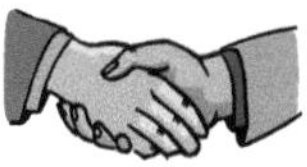

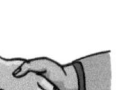

hej

您好

översättare

翻譯人員

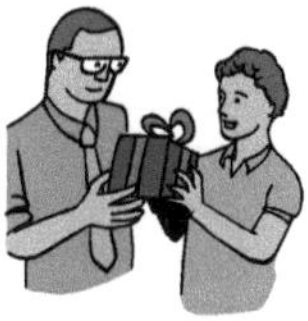

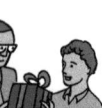

Tack

謝謝

hur mycket kostar...?

……多少錢？

jag förstår inte

我不明白

problem

問題

God kväll!

晚上好！

God morgon!

早上好！

God natt!

晚安！

hejdå

再見

riktning

方向

bagage

行李

väska

包

ryggsäck

背包

gäst

客人

rum

房間

sovsäck

睡袋

tält

帳篷

turistinformation

旅行資訊

strand

海灘

kreditkort

信用卡

frukost

早餐

lunch

午餐

middag

晚餐

biljett

票

hiss

電梯

frimärke

郵票

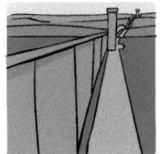

gräns

邊界

tull

海關

ambassad

大使館

visum

簽證

pass

護照

transport
交通運送

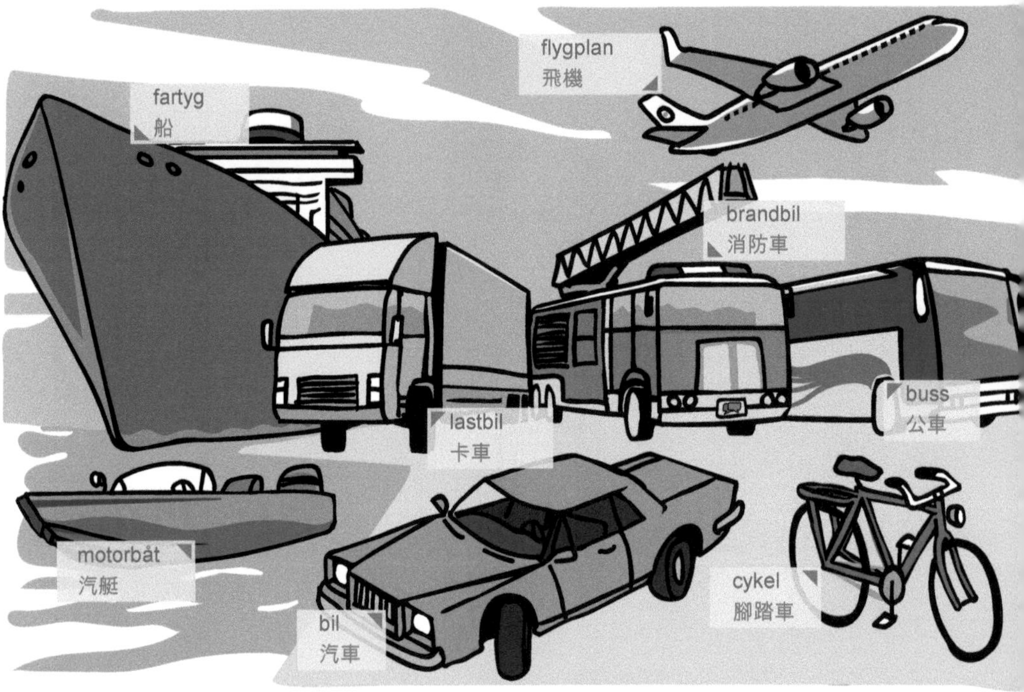
flygplan
飛機
fartyg
船
brandbil
消防車
buss
公車
lastbil
卡車
motorbåt
汽艇
cykel
腳踏車
bil
汽車

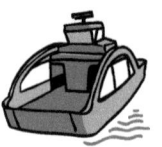

färja
渡輪

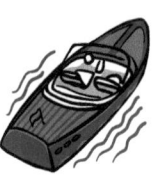

båt
小船

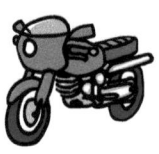

motorcykel
機車

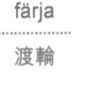

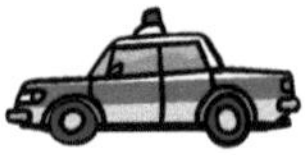
polisbil
警車

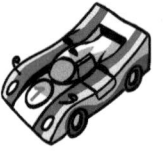

racerbil
賽車

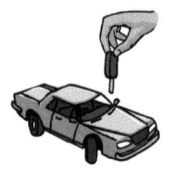

hyrbil
租車

bilpool

拼車

bärgningsbil

拖車

sopbil

垃圾車

motor

馬達

bränsle

汽油

bensinstation

加油站

vägmärke

交通標識

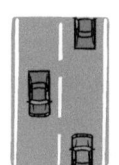

trafik

交通

bilkö

交通堵塞

parkeringsplats

停車場

tågstation

火車站

räls

軌道

tåg

火車

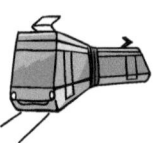

spårvagn

路面電車

vagn

客車廂

helikopter

直升機

flygplats

機場

torn

塔

passagerare

乘客

container

集裝箱

kartong

紙板箱

vagn

手推車

korg

籃子

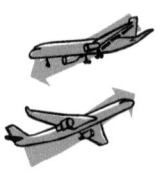

starta / landa

起飛/降落

stad

城市

by

村莊

centrum

市中心

hus

房子

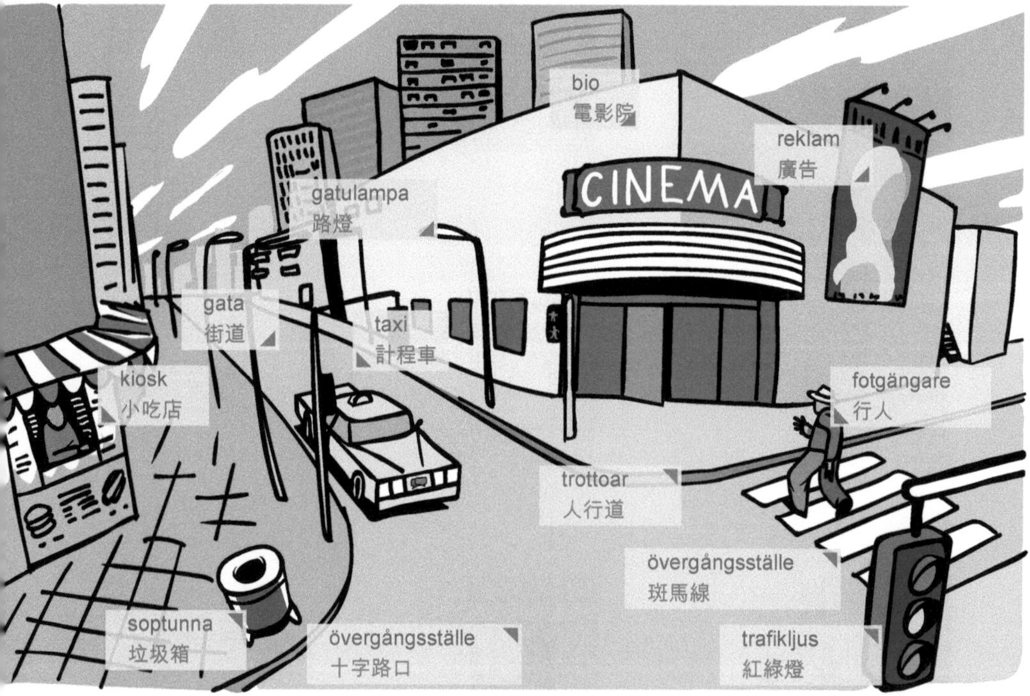

bio
電影院
reklam
廣告
CINEMA
gatulampa
路燈
gata
街道
taxi
計程車
kiosk
小吃店
fotgängare
行人
trottoar
人行道
övergångsställe
斑馬線
soptunna
垃圾箱
övergångsställe
十字路口
trafikljus
紅綠燈

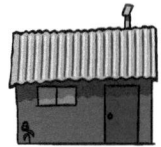

stuga
小屋

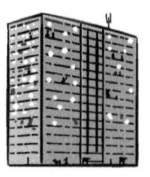

lägenhet
公寓

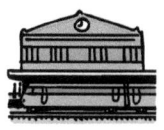

tågstation
火車站

stadshus
市政廳

MUSEUM

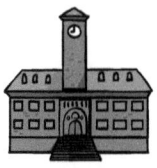

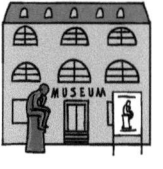

museum
博物館

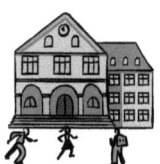

skola
學校

universitet

大學

bank

銀行

sjukhus

醫院

hotell

飯店

apotek

藥房

kontor

辦公室

bokhandel

書店

affär

商店

blomsterbutik

花店

stormarknad

超市

marknad

市場

varuhus

百貨商店

fiskhandlare

魚店

köpcentrum

購物中心

hamn

海港

park

公園

bänk

長凳

brygga

橋

trappa

樓梯

tunnelbana

捷運

tunnel

隧道

busshållplats

公車站

bar

酒吧

restaurang

餐館

brevlåda

郵筒

gatuskylt

路標

parkeringsautomat

停車計時器

zoo

動物園

simbassäng

游泳池

moské

清真寺

bondgård

農場

förorening

污染

kyrkogård

墓地

kyrka

教堂

lekplats

操場

tempel

寺廟

landskap

地形

löv
樹葉

vägskylt
指示牌

väg
路

äng
草地

sten
石頭

träd
樹

liftare
徒步旅行者

flod
河

gräs
草

blomma
花

dal

峽谷

kulle

丘陵

sjö

湖

skog

森林

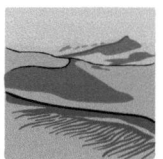

öken

沙漠

vulkan

火山

slott

城堡

regnbáge

彩虹

svamp

蘑菇

palm

棕櫚樹

mygga

蚊子

fluga

蒼蠅

myra

螞蟻

bi

蜜蜂

spindel

蜘蛛

skalbagge

甲蟲

groda

青蛙

ekorre

松鼠

igelkott

刺蝟

hare

野兔

uggla

貓頭鷹

fågel

鳥

svan

天鵝

vildsvin

野豬

rådjur

鹿

älg

麋鹿

damm

水壩

vindkraftverk

風力發電機

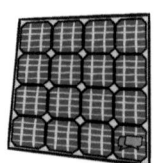

solcellspanel

太陽能電池板

klimat

氣候

restaurang

餐館

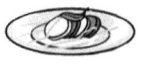

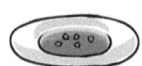

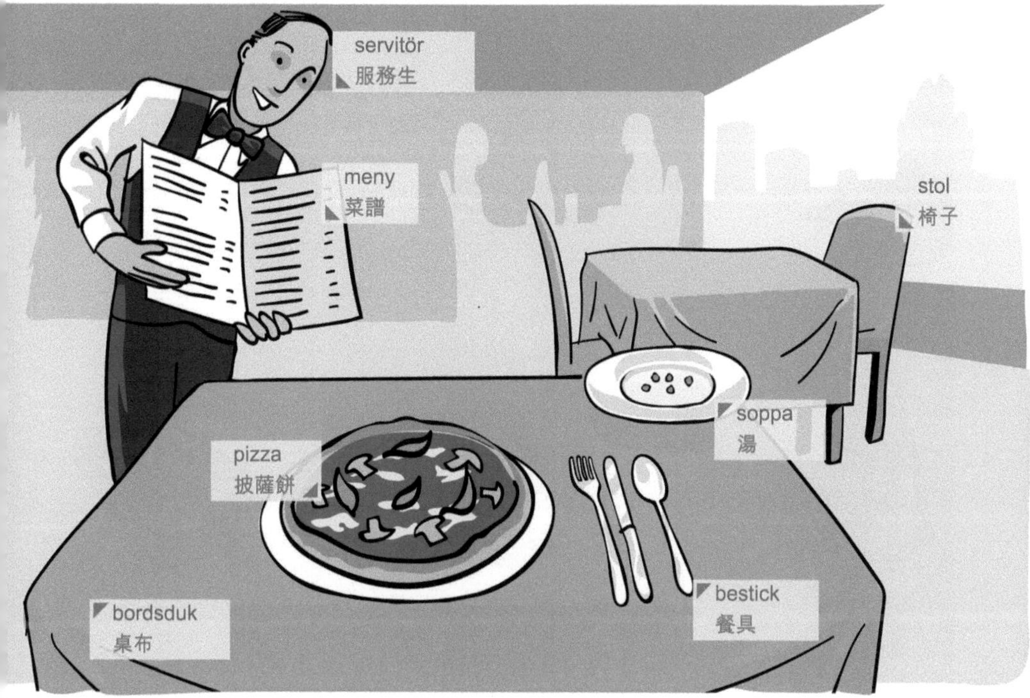

servitör
服務生
meny
菜譜
stol
椅子
soppa
湯
pizza
披薩餅
bestick
餐具
bordsduk
桌布

förrätt
前菜

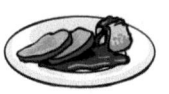

huvudrätt
主菜

dessert
甜點

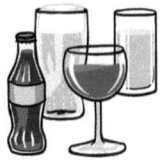

drycker
飲料

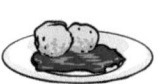

mat
食物

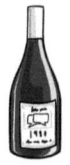

flaska
瓶子

snabbmat

速食

street food

街邊小吃

tekanna

茶壺

sockerskål

糖盒

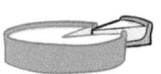

portion

一份飯菜

espressomaskin

義式咖啡機

barnstol

高腳椅

räkning

帳單

bricka

托盤

kniv

刀

gaffel

餐叉

sked

勺子

tesked

茶匙

servett

餐巾

glas

玻璃杯

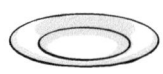

tallrik

碟子

sopptallrik

湯盤

tefat

碟子

sås

醬

saltkar

鹽瓶

pepparkvarn

胡椒研磨罐

vinäger

醋

olja

食用油

kryddor

調味料

ketchup

番茄醬

senap

芥末

majonnäs

美乃滋

stormarknad

超市

specialerbjudande
特價
kund
顧客
FOR
mejeriprodukter
乳製品
frukt
水果
varukorg
購物車

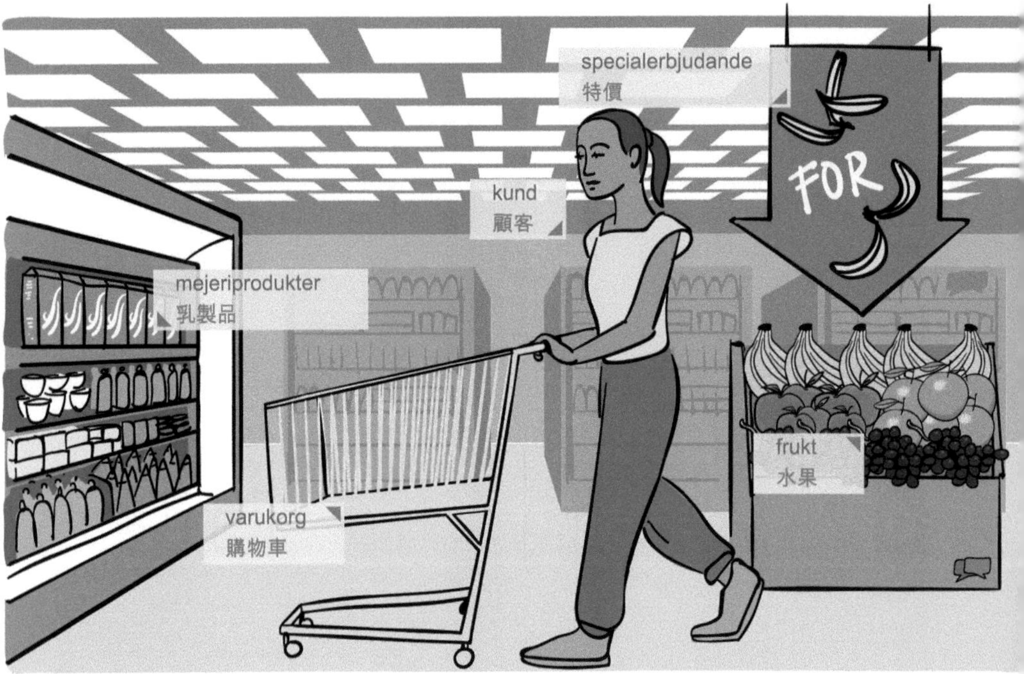

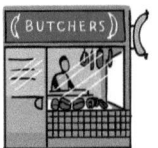

BUTCHERS

charkuteri

肉鋪

BAKERY

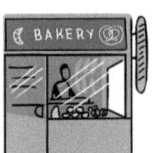

bageri

麵包店

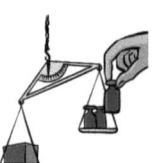

väga

稱重

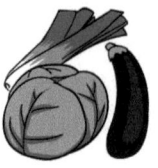

grönsaker

蔬菜

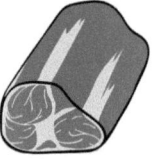

kött

肉

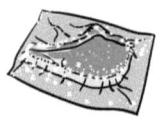

frysta livsmedel

冷凍食品

pålägg
冷盤

konserver
罐頭食品

tvättmedel
洗衣粉

godis
甜食

hushållsprodukter
日用品

rengöringsmedel
清潔用品

försäljare
銷售員

kassa
收銀機

kassör
收銀員

inköpslista
購物清單

öppettider
開放時間

plånbok
錢包

kreditkort
信用卡

väska
袋子

plastpåse
塑膠袋

vatten

水

juice

果汁

mjölk

牛奶

cola

可樂

vin

紅酒

öl

啤酒

alkohol

酒

kakao

可可

te

茶

kaffe

咖啡

espresso

義式濃縮咖啡

cappuccino

卡布奇諾

banan

香蕉

äpple

蘋果

apelsin

柳丁

melon

西瓜

citron

檸檬

morot

胡蘿蔔

vitlök

大蒜

bambu

竹子

lök

洋蔥

svamp

蘑菇

nötter

堅果

nudlar

麵條

spaghetti

義大利麵

ris

米飯

sallad

沙拉

pommes frites

薯條

stekt potatis

炸馬鈴薯

pizza

披薩餅

hamburgare

漢堡

smörgås

三明治

schnitzel

炸豬排

skinka

火腿

salami

義大利臘腸

korv

香腸

kyckling

雞肉

stek

烤肉

fisk

魚

mat - 食物

havregryn

燕麥片

müsli

木斯里

cornflakes

玉米片

mjöl

麵粉

croissant

牛角麵包

fralla

麵包捲

bröd

麵包

rostat bröd

吐司

kex

餅乾

smör

奶油

kvarg

凝乳

kaka

蛋糕

ägg

蛋

stekt ägg

煎蛋

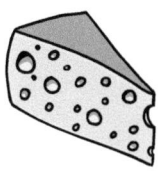

ost

起司

glass

冰淇淋

socker

糖

honung

蜂蜜

sylt

果醬

nougatkräm

巧克力醬

curry

咖哩

bondgård
農場

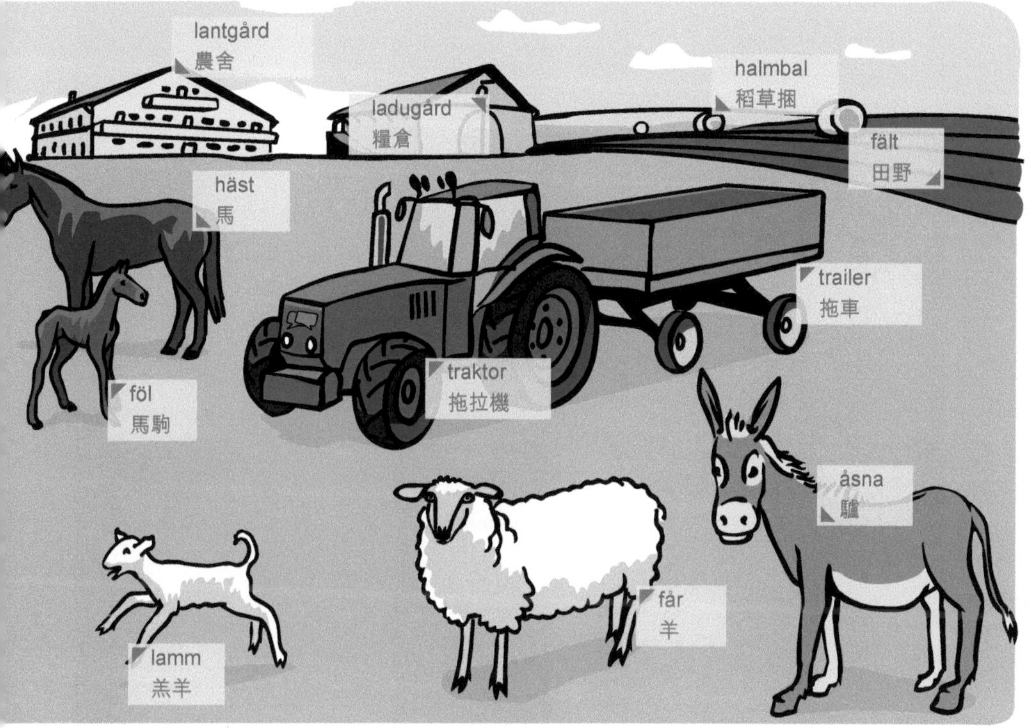
lantgård
農舍
ladugård
糧倉
halmbal
稻草捆
fält
田野
häst
馬
trailer
拖車
traktor
拖拉機
föl
馬駒
åsna
驢
får
羊
lamm
羔羊

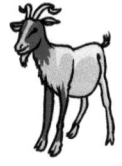

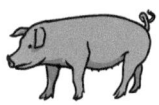

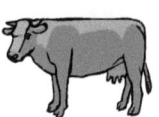

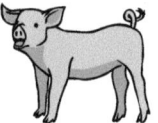

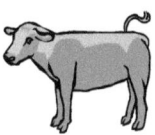

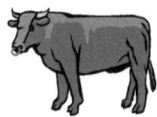

get
山羊

ko
奶牛

kalv
小牛

gris
豬

griskulting
小豬

tjur
公牛

gås

鵝

anka

鴨

kyckling

小雞

höna

母雞

tupp

公雞

råtta

鼠

katt

貓

mus

老鼠

oxe

牛

hund

狗

hundkoja

狗屋

trädgårdsslang

花園澆水軟管

vattenkanna

澆水壺

lie

長柄大鐮刀

plog

犁

skära

鐮刀

hacka

鋤頭

högaffel

長柄草耙

yxa

斧頭

skottkärra

獨輪手推車

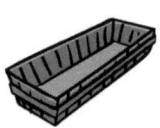

tråg

飼料槽

mjölkflaska

牛奶罐

säck

麻布袋

staket

柵欄

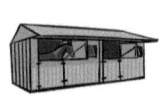

stall

馬廄

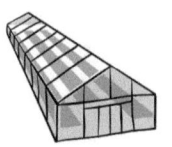

växthus

溫室

jord

土壤

säd

種子

gödsel

肥料

skördetröska

聯合收割機

skörda

收割

skörd

收割

jams

地瓜

vete

小麥

soja

大豆

potatis

土豆

majs

玉米

raps

油菜籽

frukträd

果樹

maniok

樹薯

spannmål

穀物

hus
房子

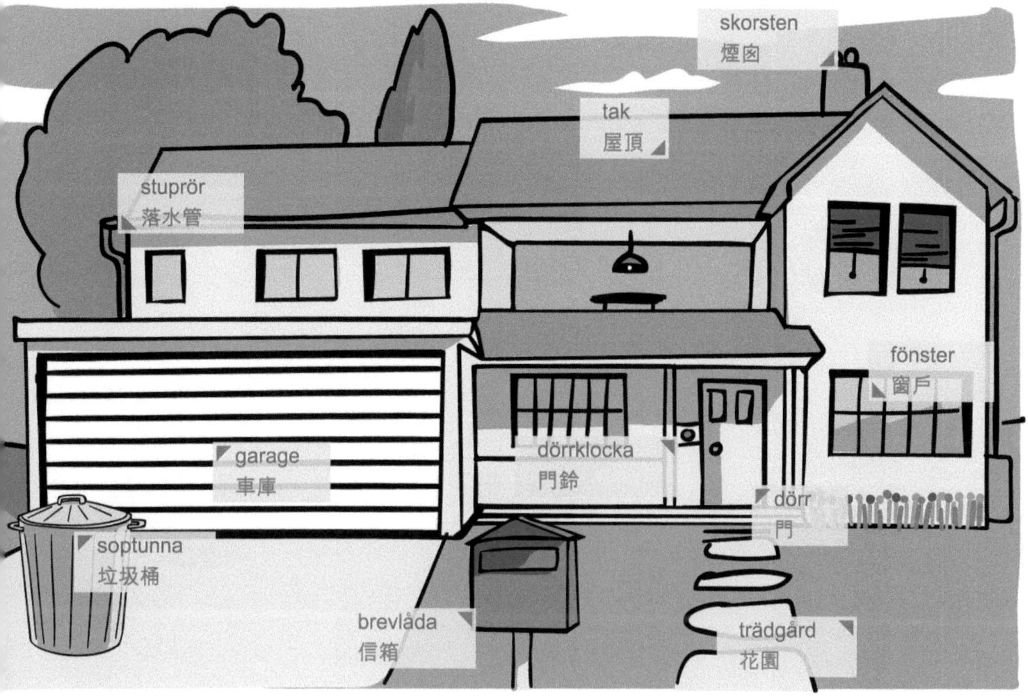

skorsten
煙囪
tak
屋頂
stuprör
落水管
fönster
窗戶
garage
車庫
dörrklocka
門鈴
dörr
門
soptunna
垃圾桶
brevlåda
信箱
trädgård
花園

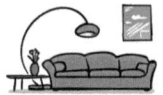

vardagsrum

客廳

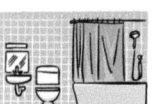

badrum

浴室

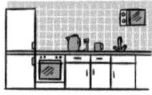

kök

廚房

sovrum

臥室

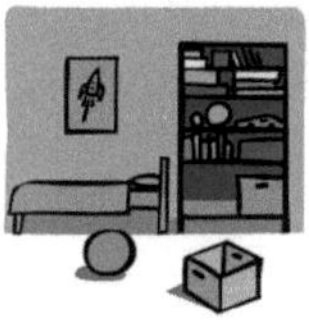

barnrum

兒童房

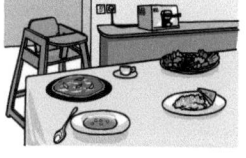

matsal

餐廳

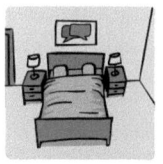

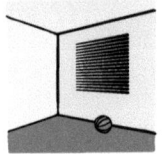

golv

地板

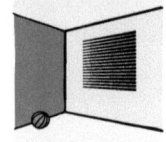

vägg

牆壁

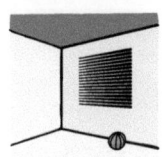

tak

天花板

källare

地窖

bastu

三溫暖

balkong

陽臺

terrass

露臺

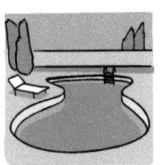

bassäng

游泳池

gräsklippare

割草機

lakan

被單

överkast

床罩

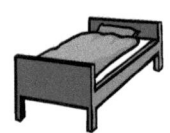

säng

床

kvast

掃帚

hink

水桶

strömbrytare

開關

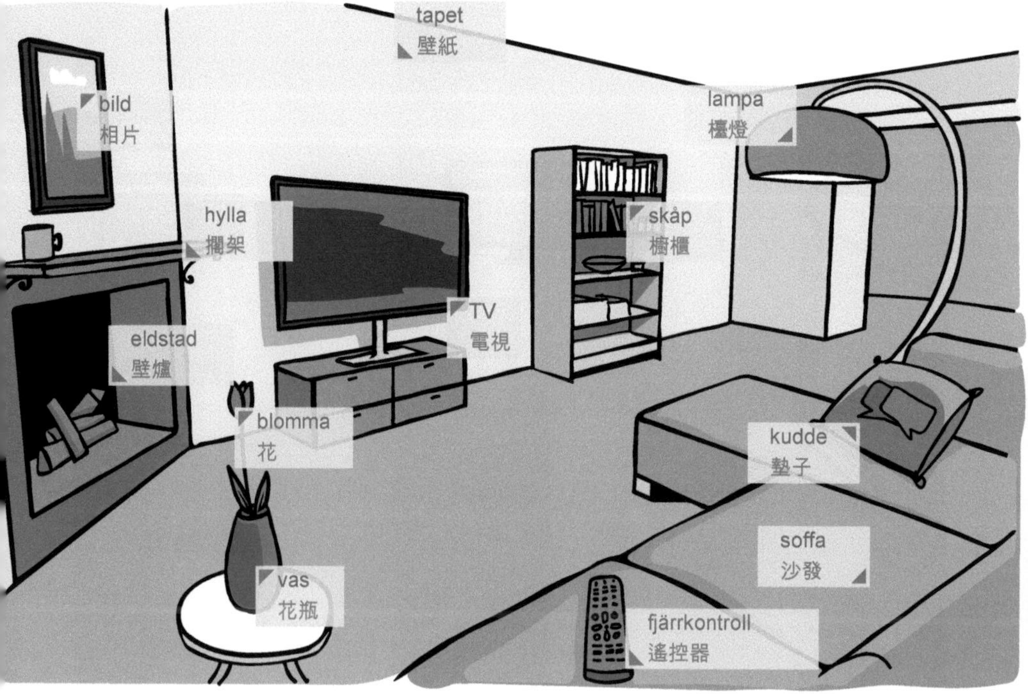

tapet
壁紙

bild
相片

lampa
檯燈

hylla
擱架

skåp
櫥櫃

eldstad
壁爐

TV
電視

blomma
花

kudde
墊子

soffa
沙發

vas
花瓶

fjärrkontroll
遙控器

matta

地毯

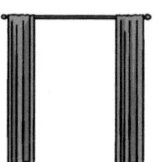

gardin

窗簾

bord

餐桌

stol

椅子

gungstol

搖椅

fåtölj

扶手椅

bok

書

filt

毯子

dekoration

裝飾品

vedträ

木柴

film

電影

stereoanläggning

高傳真音響

nyckel

鑰匙

dagstidning

報紙

målning

油畫

poster

海報

radio

收音機

anteckningsbok

筆記本

dammsugare

吸塵器

kaktus

仙人掌

stearinljus

蠟燭

kök
廚房

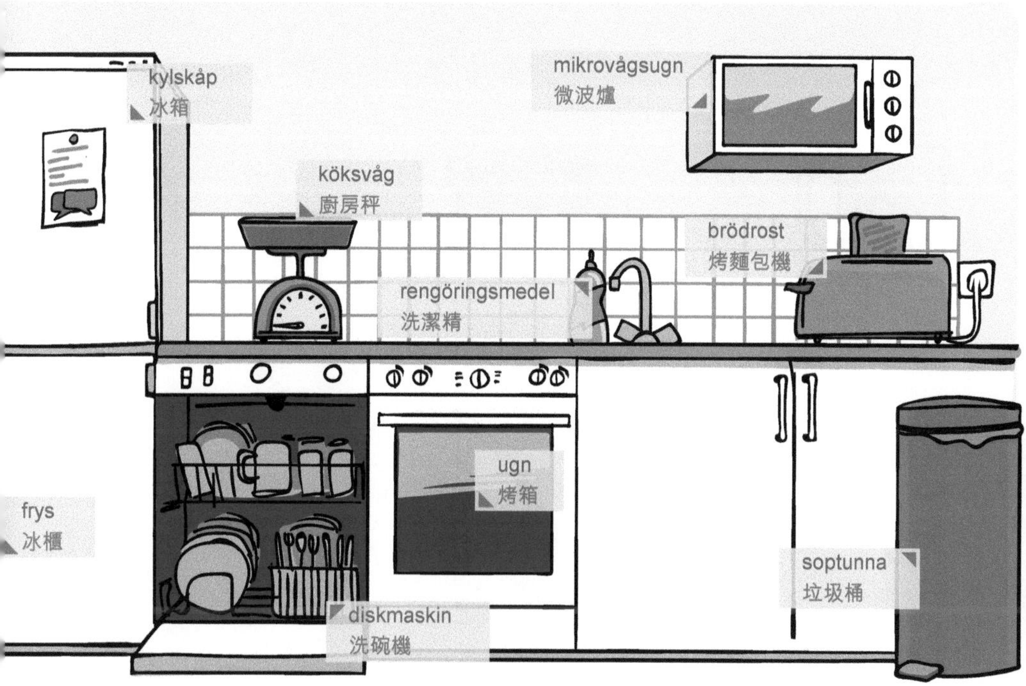
kylskåp
冰箱
mikrovågsugn
微波爐
köksvåg
廚房秤
brödrost
烤麵包機
rengöringsmedel
洗潔精
ugn
烤箱
frys
冰櫃
soptunna
垃圾桶
diskmaskin
洗碗機

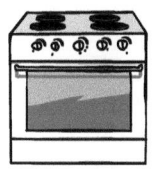

spis
炊具

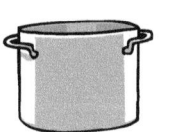

kastrull
鍋

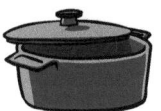

järngryta
鑄鐵鍋

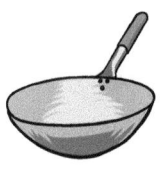

wok / kadai
炒鍋

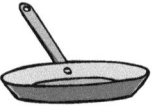

stekpanna
平底鍋

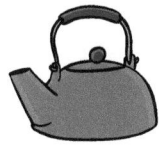

vattenkokare
水壺

ångkokare

蒸鍋

bakplåt

烤盤

porslin

陶瓷鍋

mugg

馬克杯

skål

碗

ätpinnar

筷子

soppslev

長柄勺

stekspade

鏟子

visp

攪拌器

durkslag

濾網

sil

篩子

rivjärn

磨碎機

mortel

研缽

grill

燒烤

brasa

明火

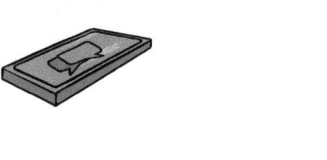

skärbräda

菜板

kavel

擀麵杖

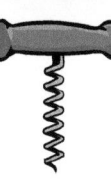

korkskruv

開瓶器

burk

罐子

burköppnare

開罐器

grytlapp

隔熱手套

vask

水槽

borste

刷子

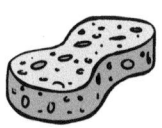

svamp

海綿

mixer

攪拌機

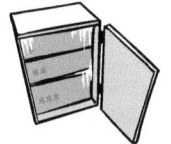

frys

冷藏箱

nappflaska

奶瓶

kran

水龍頭

badrum

浴室

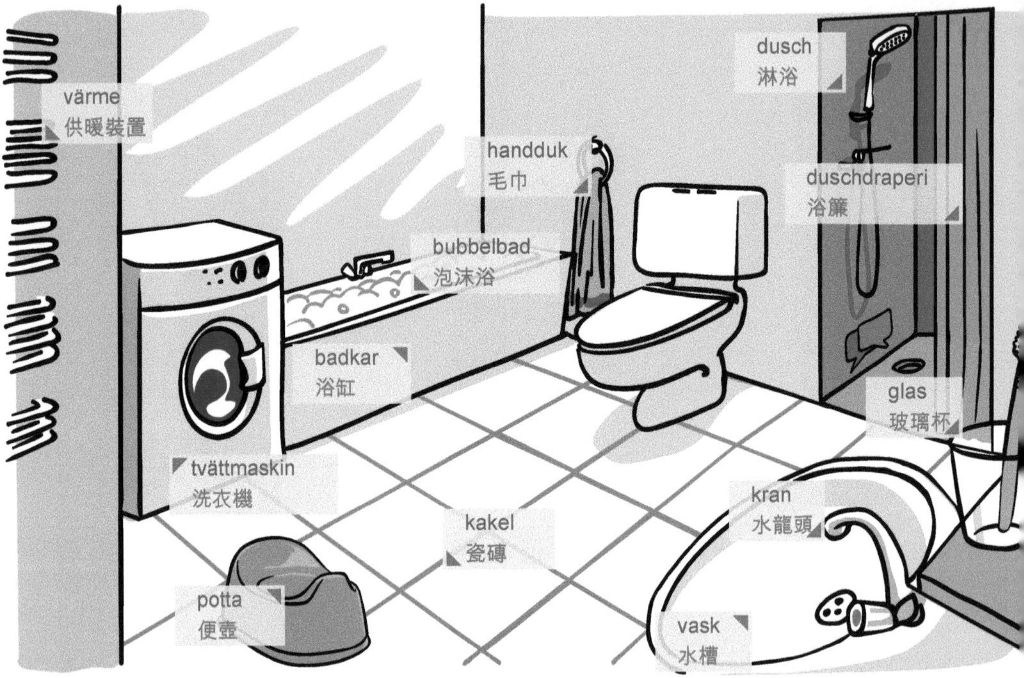

värme
供暖裝置
dusch
淋浴
handduk
毛巾
duschdraperi
浴簾
bubbelbad
泡沫浴
badkar
浴缸
glas
玻璃杯
tvättmaskin
洗衣機
kran
水龍頭
kakel
瓷磚
potta
便壺
vask
水槽

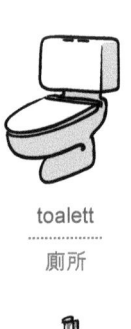

toalett
廁所

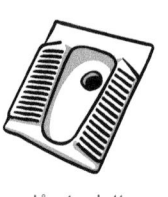

låg toalett
蹲便器

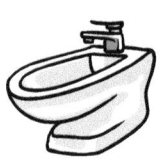

bidet
坐浴器

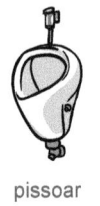

pissoar
小便斗

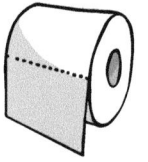

toalettpapper
廁紙

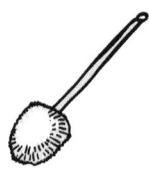

toalettborste
馬桶刷

tandborste

牙刷

tandkräm

牙膏

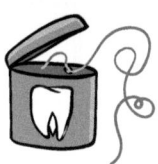

tandtråd

牙線

tvätta

洗

handdusch

手持式蓮蓬頭

intimdusch

沖洗器

handfat

洗臉盆

ryggborste

洗背刷

tvål

肥皂

duschgel

沐浴露

schampo

洗髮乳

trasa

法蘭絨

avlopp

排水

crème

乳霜

deodorant

除臭劑

spegel

鏡子

handspegel

手鏡

rakhyvel

刮鬍刀

raklödder

刮鬍泡沫

rakvatten

鬚後水

kam

梳子

borste

刷子

hårtork

吹風機

hårspray

噴髮定型劑

smink

化妝品

läppstift

唇膏

nagellack

指甲油

bomullsvadd

化妝棉

nagelsax

指甲剪

parfym

香水

necessär

洗漱包

pall

凳子

våg

計重秤

badrock

浴袍

gummihandskar

橡膠手套

tampong

衛生棉條

binda

衛生棉

kemisk toalett

化學廁所

barnrum

兒童房

väckarklocka
鬧鐘
gosedjur
毛絨玩具
leksaksbil
玩具車
skallra
撥浪鼓
dockhus
玩具屋
present
禮物

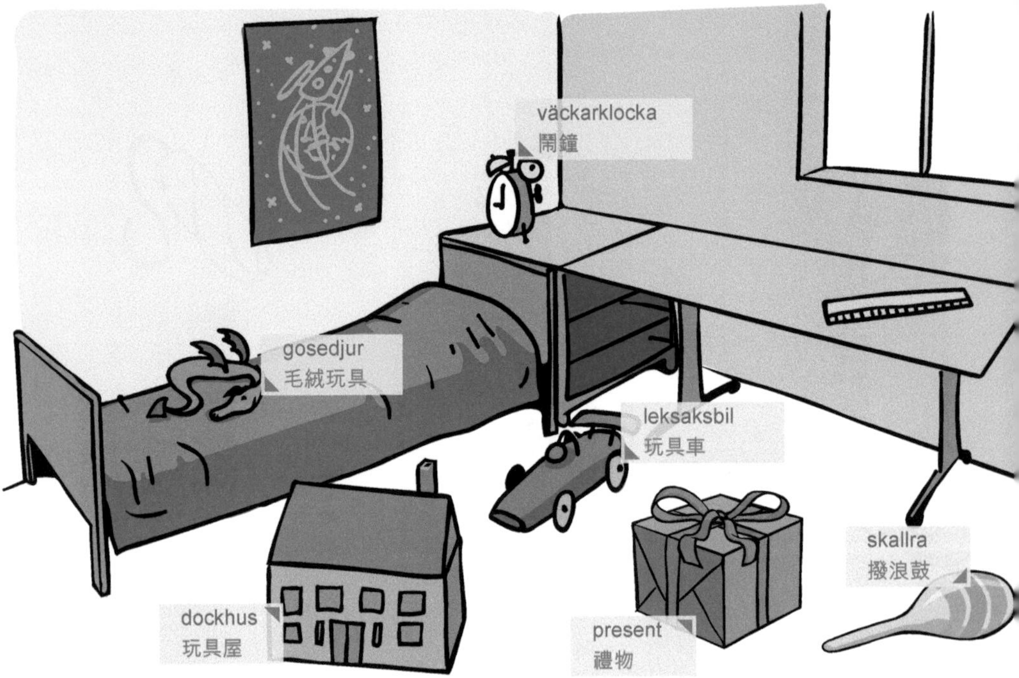

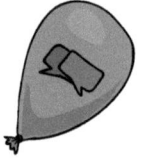

ballong

氣球

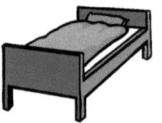

säng

床

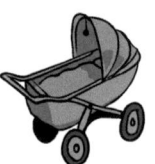

barnvagn

嬰兒車

kortlek

撲克牌

pussel

拼圖

SUPER MEGA

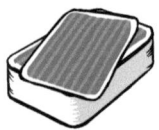

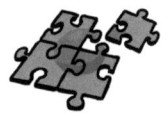

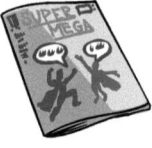

serietidning

漫畫

legobitar

樂高積木

klossar

積木玩具

actionfigur

公仔

sparkdräkt

嬰兒服

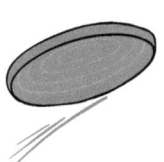

frisbee

飛盤

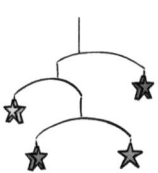

mobil

床鈴玩具

brädspel

棋盤遊戲

tärning

骰子

modelljärnväg

火車模型

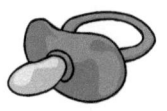

napp

安撫奶嘴

party

派對

bilderbok

繪本

boll

球

docka

洋娃娃

spela

玩

sandlåda

沙坑

gunga

鞦韆

leksaker

玩具

spelkonsol

電玩遊戲

trehjuling

三輪車

nalle

泰迪熊

garderob

衣櫃

kläder

衣服

sockar

襪子

strumpor

長襪

tights

緊身褲

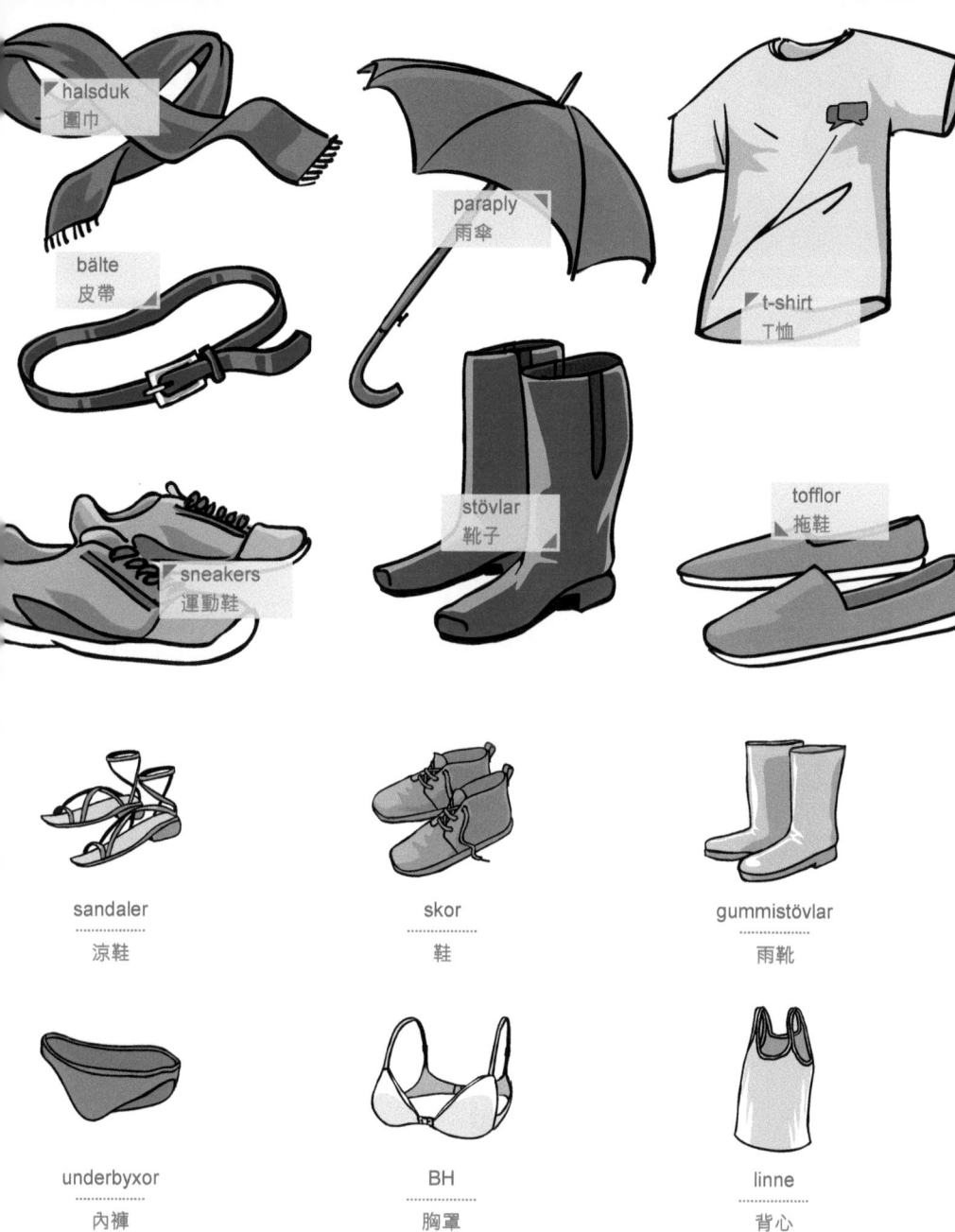

halsduk
圍巾

bälte
皮帶

paraply
雨傘

t-shirt
T恤

sneakers
運動鞋

stövlar
靴子

tofflor
拖鞋

sandaler

涼鞋

skor

鞋

gummistövlar

雨靴

underbyxor

內褲

BH

胸罩

linne

背心

kläder - 衣服

body

身體

byxor

褲子

jeans

牛仔褲

kjol

短裙

blus

女式襯衫

skjorta

襯衫

pullover

套頭衫

sweater

連帽上衣

blazer

西裝夾克

jacka

夾克

kappa

外套

regnjacka

雨衣

dräkt

套裝

klänning

連衣裙

bröllopsklänning

婚紗

kostym

西裝

nattlinne

睡袍

pyjamas

睡衣

sari

莎麗

slöja

頭巾

turban

包頭巾

burka

波卡

kaftan

卡夫坦

abaya

(阿拉伯式)長袍

baddräkt

泳衣

badbyxor

男式泳褲

shorts

短褲

träningsoverall

運動服

förkläde

圍裙

handskar

手套

knapp

鈕扣

glasögon

眼鏡

armband

手鏈

halsband

項鍊

ring

戒指

örhänge

耳環

mössa

便帽

galge

衣架

hatt

帽子

slips

領帶

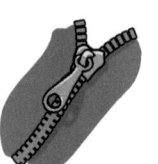

dragkedja

拉鍊

hjälm

安全帽

hängslen

背帶

skoluniform

校服

uniform

制服

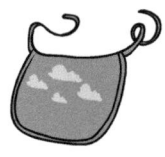

haklapp

圍兜

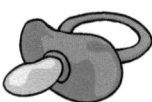

napp

安撫奶嘴

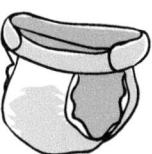

blöja

尿布

kontor

辦公室

server
伺服器
dokumentskåp
檔案櫃
skrivare
印表機
papper
紙
bildskärm
螢幕
mus
滑鼠
skrivbord
辦公桌
mapp
資料夾
tangentbord
鍵盤
papperskorg
廢紙簍
dator
電腦
stol
椅子

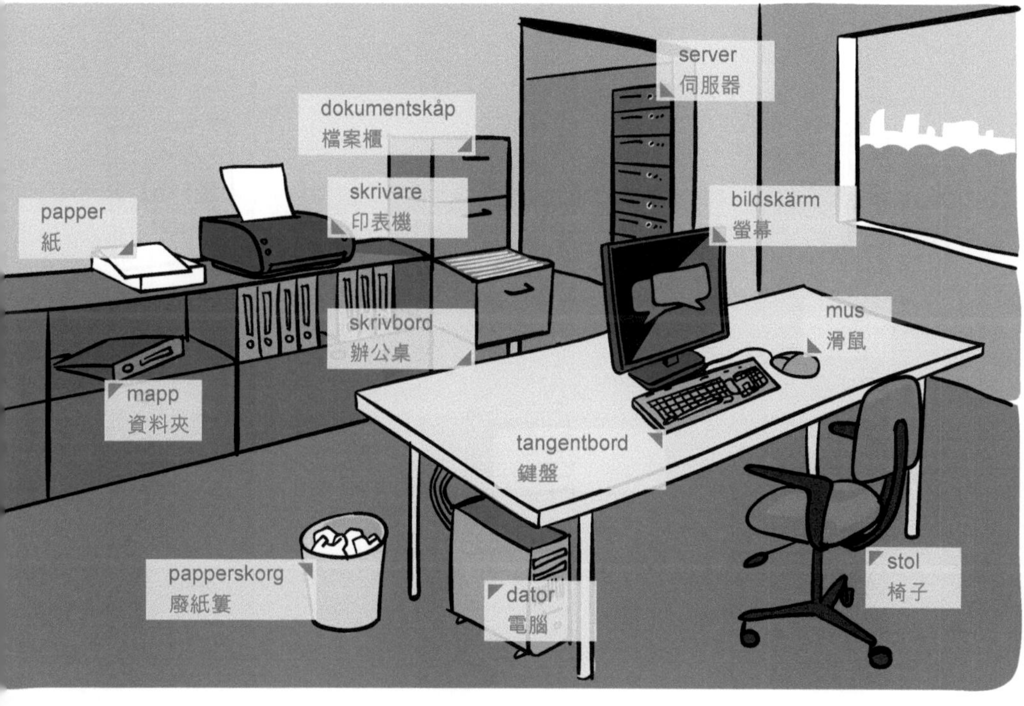

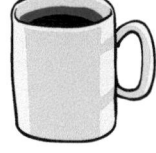

kaffemugg

咖啡杯

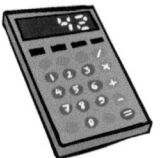

miniräknare

計算機

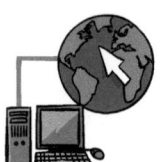

internet

網際網路

bärbar dator

筆記型電腦

brev

信件

meddelande

簡訊

mobiltelefon

行動電話

nätverk

網路

kopieringsapparat

影印機

programvara

軟體

telefon

電話

vägguttag

插座

fax

傳真機

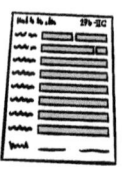

blankett

表格

dokument

檔案

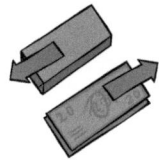

köpa

買

betala

付錢

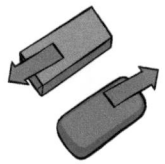

handla

交易

pengar

現金

dollar

美元

euro

歐元

yen

日元

rubel

盧布

schweizisk franc

瑞士法郎

renminbi yan

人民幣

rupie

盧比

bankomat

提款處

växelkontor

外幣兌換處

guld

金

silver

銀

olja

石油

energi

能源

pris

價格

kontrakt

合約

skatt

稅金

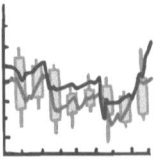

aktie

股票

arbeta

工作

anställd

職員

arbetsgivare

老闆

fabrik

工廠

affär

商店

ekonomi - 經濟

yrken
職業

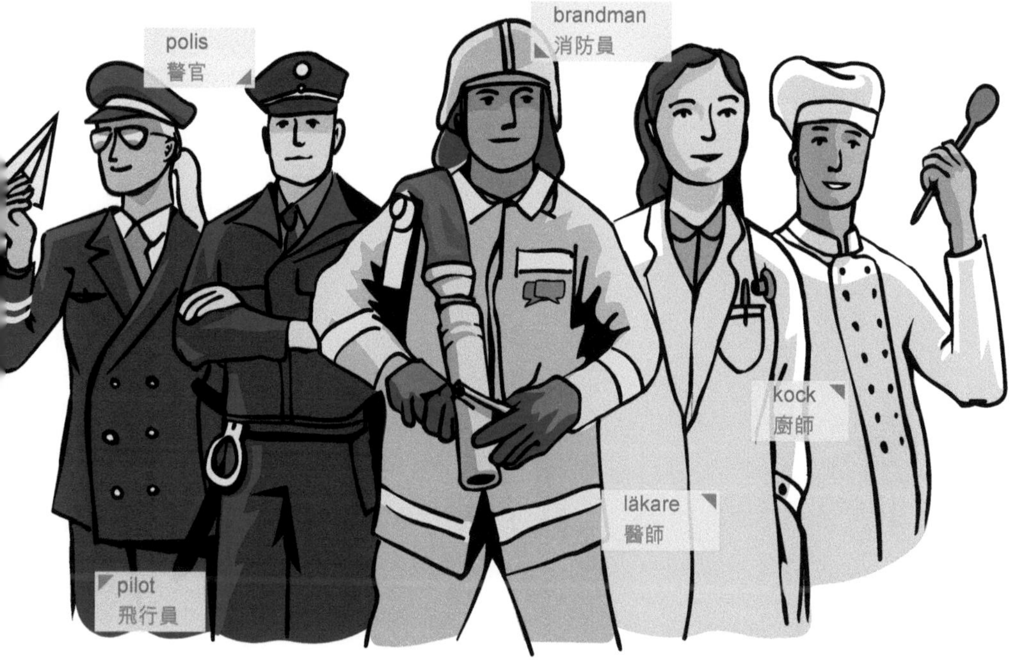
brandman
消防員
polis
警官
kock
廚師
läkare
醫師
pilot
飛行員

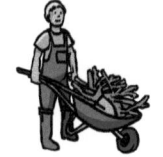

trädgårdsmästare
園丁

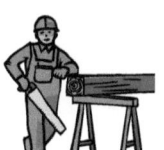

snickare
木匠

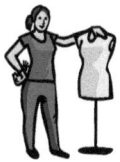

sömmerska
裁縫

domare
法官

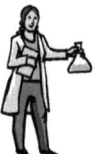

kemist
化學家

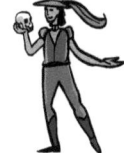

skådespelare
演員

busschaufför

公車司機

taxichaufför

計程車司機

fiskare

漁夫

städerska

清洗女工

takläggare

屋頂工

servitör

服務生

jägare

獵人

målare

畫家

bagare

麵包師

elektriker

電工

byggarbetare

建築工人

ingenjör

工程師

slaktare

屠夫

rörmokare

水管工

brevbärare

郵差

soldat

士兵

arkitekt

建築師

kassör

收銀員

florist

花農

frisör

理髮師

konduktör

售票員

mekaniker

機械技師

kapten

船長

tandläkare

牙醫

vetenskapsman

科學家

rabbin

拉比

imam

伊瑪目

munk

和尚

präst

牧師

verktyg

工具

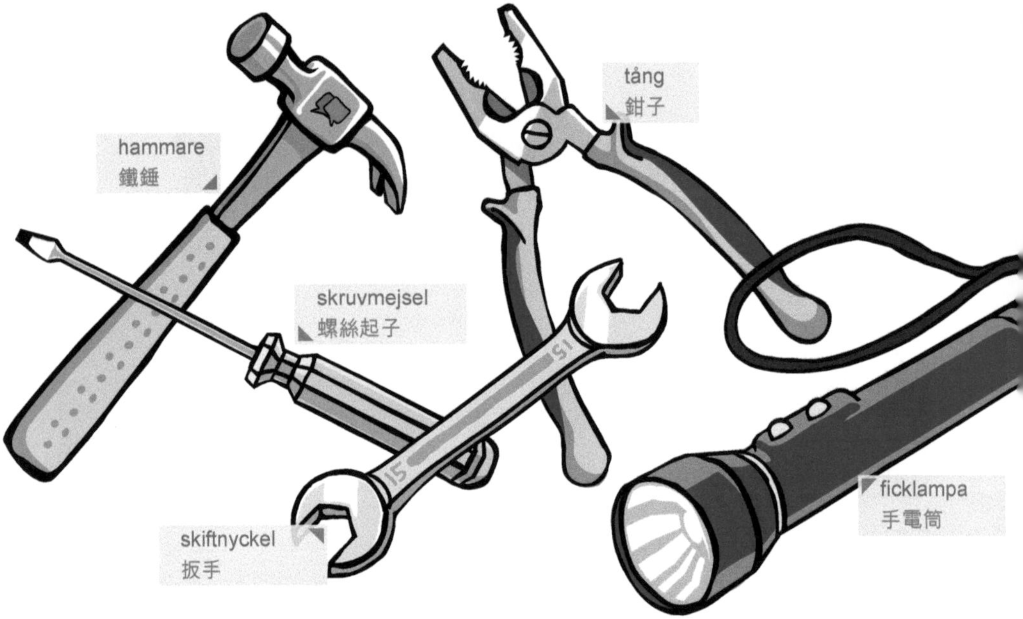
hammare
鐵錘
tång
鉗子
skruvmejsel
螺絲起子
skiftnyckel
扳手
ficklampa
手電筒

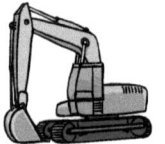

grävmaskin

挖掘機

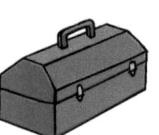

verktygslåda

工具箱

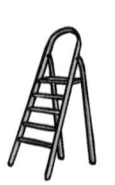

stege

梯子

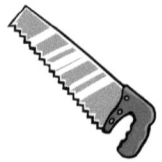

såg

鋸子

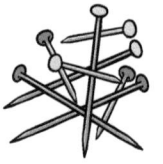

spik

釘子

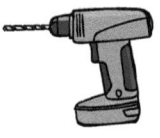

borr

鑽機

reparera

修

spade

鏟子

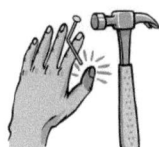

Helvete!

糟糕！

sopskyffel

畚箕

färgburk

油漆桶

skruvar

螺絲

musikinstrument
樂器

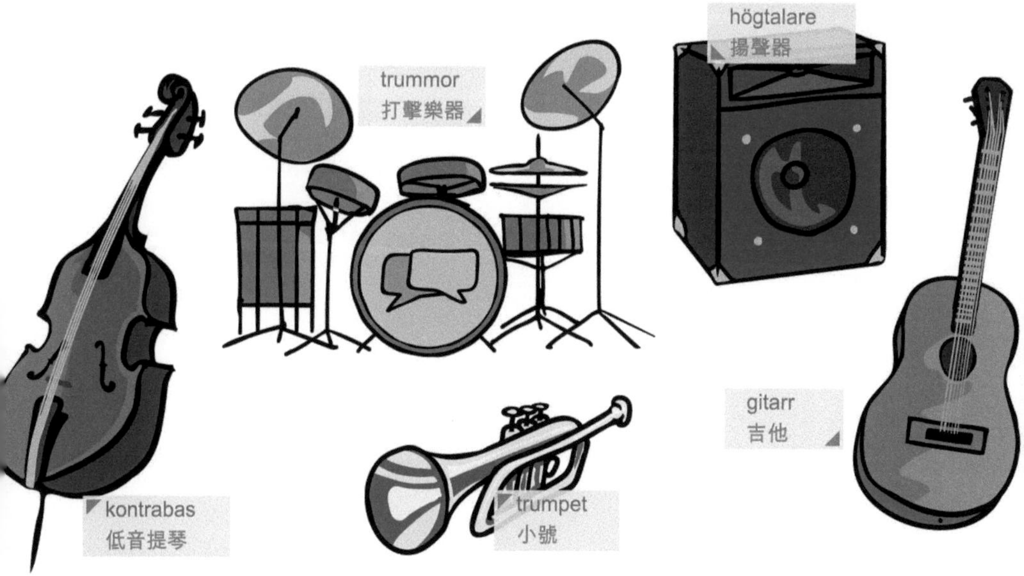

högtalare
揚聲器

trummor
打擊樂器

gitarr
吉他

kontrabas
低音提琴

trumpet
小號

piano

鋼琴

violin

小提琴

bas

貝斯

timpani

定音鼓

trumma

鼓

keyboard

電子琴

saxofon

薩克斯風

flöjt

長笛

mikrofon

麥克風

tiger
老虎

ingång
入口

bur
籠子

zebra
斑馬

djurfoder
動物飼料

panda
熊貓

djur

動物

elefant

大象

känguru

袋鼠

noshörning

犀牛

gorilla

大猩猩

björn

熊

kamel

駱駝

struts

鴕鳥

lejon

獅子

apa

猴子

flamingo

紅鶴

papegoja

鸚鵡

isbjörn

北極熊

pingvin

企鵝

haj

鯊魚

påfågel

孔雀

orm

蛇

krokodil

鱷魚

djurskötare

動物園管理員

säl

海豹

jaguar

美洲豹

ponny

矮種馬

leopard

豹

flodhäst

河馬

giraff

長頸鹿

örn

老鷹

vildsvin

野豬

fisk

魚

sköldpadda

龜

valross

海象

räv

狐狸

gazell

羚羊

zoo - 動物園

amerikansk fotboll
橄欖球

cykling
騎腳踏車

tennis
網球

basket
籃球

simning
游泳

boxning
拳擊

ishockey
冰球

fotboll
美式足球

badminton
羽毛球

friidrott
田徑

handboll
手球

skidåkning
滑雪

polo
馬球

hoppa
跳

skratta
笑

krama
擁抱

gå
走路

sjunga
唱

drömma
做夢

be
祈禱

kyssa
親吻

skriva
書寫

rita
畫

visa
展示

skjuta
推

ge
給

ta
拿

hagel

有

göra

做

vara

當

stå

站

springa

跑

dra

拉

kasta

丟

falla

摔倒

ligga

躺

vänta

等待

bära

攜帶

sitta

坐

klä på

穿衣

sova

睡覺

vakna

醒來

se på
看

gråta
哭

smeka
擊

kamma
梳頭

prata
交談

förstå
明白

fråga
問

höra
聽

dricka
喝

äta
吃

städa
清理

älska
愛

laga mat
做飯

köra
開車

flyga
飛

segla

航行

räkna

計算

läsa

讀

lära sig

學習

arbeta

工作

gifta sig

結婚

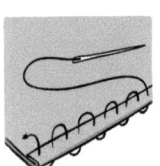

sy

縫

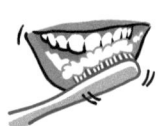

borsta tänderna

刷牙

döda

殺

röka

抽菸

skicka

寄

familj
家

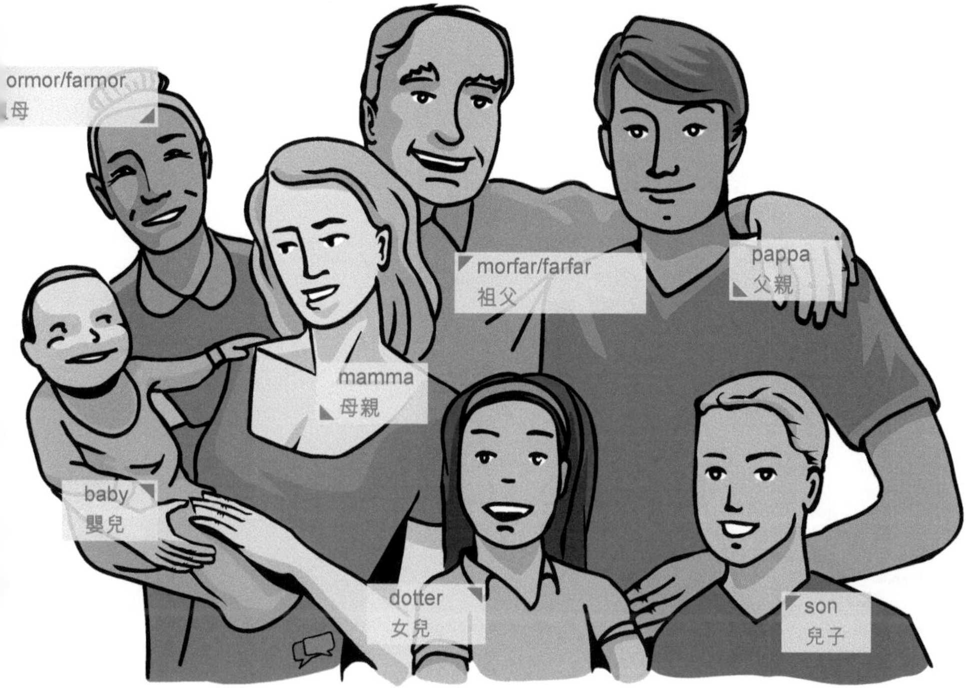
ormor/farmor
母
morfar/farfar
祖父
pappa
父親
mamma
母親
baby
嬰兒
dotter
女兒
son
兒子

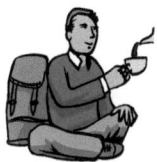

gäst
客人

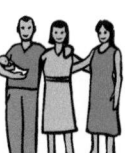

moster/faster
阿姨

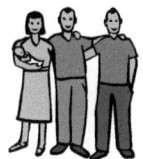

farbror/morbror
叔叔

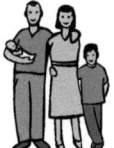

bror
兄弟

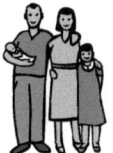

syster
姐妹

kropp

身體

panna
前額
öga
眼睛
skuldra
肩膀
finger
手指
ansikte
臉
haka
下巴
hand
手
ben
腿
bröst
乳房
arm
手臂

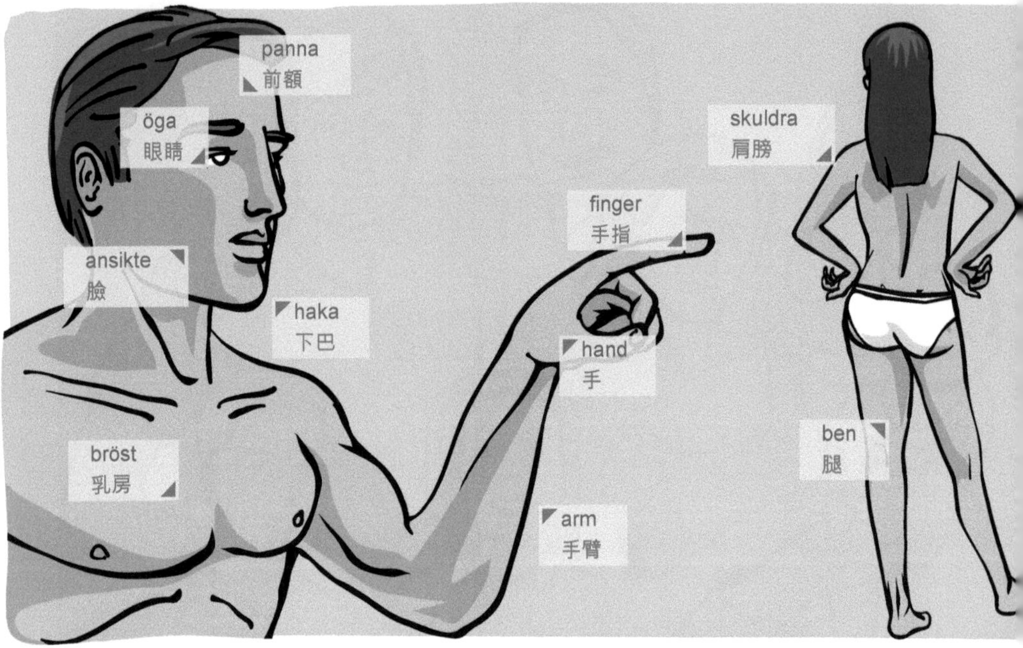

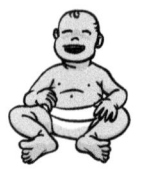

baby

嬰兒

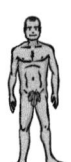

man

男人

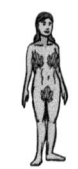

kvinna

女人

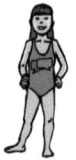

flicka

女孩

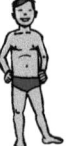

pojke

男孩

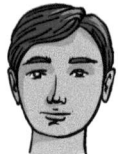

huvud

頭

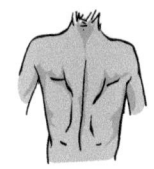

rygg

背部

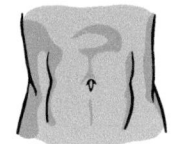

mage

肚子

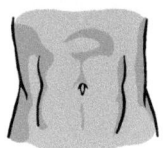

navel

肚臍

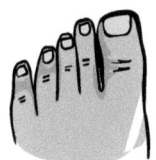

tå

腳趾

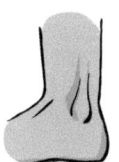

häl

腳後跟

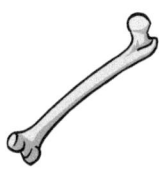

ben

骨頭

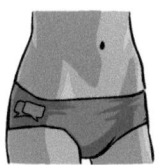

höft

臀部

knä

膝蓋

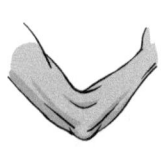

armbåge

手肘

näsa

鼻子

stjärt

屁股

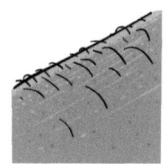

hud

皮膚

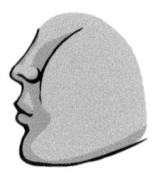

kind

臉頰

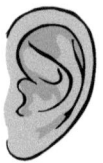

öra

耳朵

läpp

嘴唇

mun

嘴

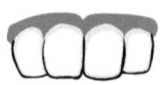

tand

牙齒

tunga

舌頭

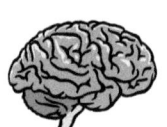

hjärna

腦

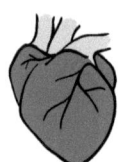

hjärta

心臟

muskel

肌肉

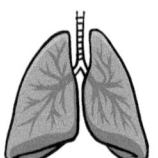

lunga

肺

lever

肝臟

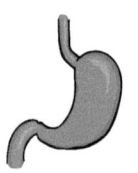

magsäck

胃

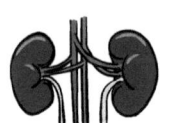

njurar

腎臟

sex

性交

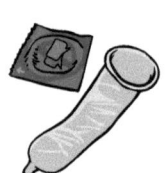

kondom

保險套

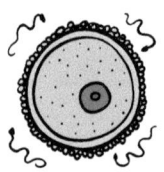

äggcell

卵子

sperma

精子

graviditet

懷孕

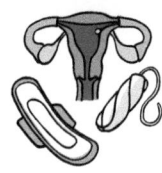

menstruation

月事

vagina

陰道

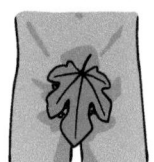

penis

陰莖

ögonbryn

眉毛

hår

頭髮

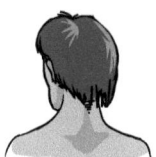

nacke

脖子

sjukhus
醫院

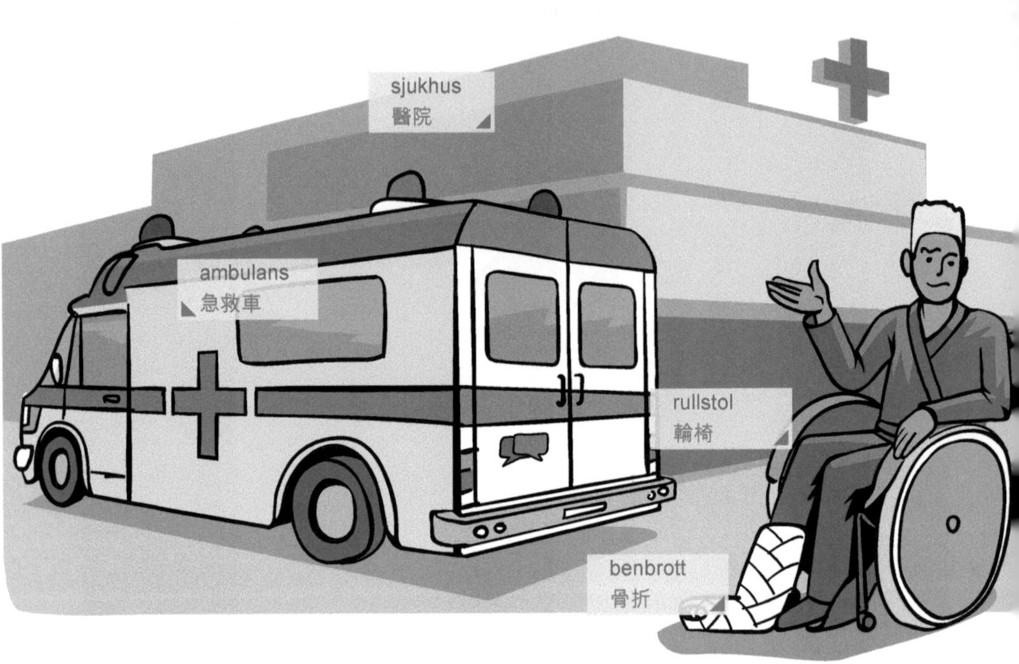

sjukhus
醫院
ambulans
急救車
rullstol
輪椅
benbrott
骨折

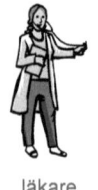

läkare

醫師

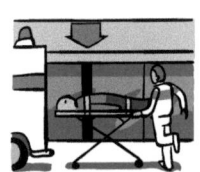

akutmottagning

急診室

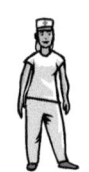

sjuksköterska

護理師

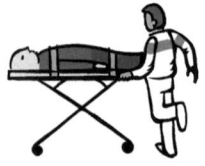

nödsituation

緊急情形

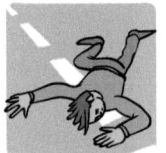

medvetslös

昏迷

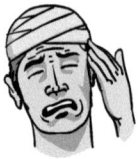

smärta

痛

skada
受傷

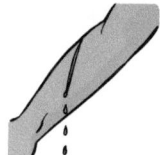

blödning
出血

hjärtattack
心臟病發作

slaganfall
中風

allergi
過敏

hosta
咳嗽

feber
發燒

influensa
流感

diarré
腹瀉

huvudvärk
頭痛

cancer
癌症

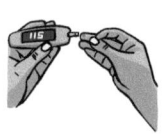

diabetes
糖尿病

kirurg
外科醫師

skalpell
手術刀

operation
手術

CT
電腦斷層掃描

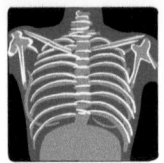

röntgen
X光

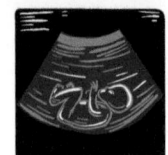

ultraljud
超音波

ansiktsmask
口罩

sjukdom
疾病

väntsal
候診室

krycka
拐杖

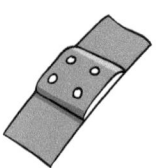

plåster
石膏

bandage
繃帶

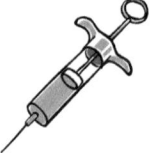

injektion
注射

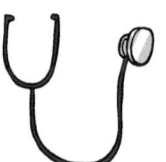

stetoskop
聽診器

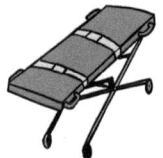

bår
擔架

termometer
體溫計

födsel
出生

övervikt
超重

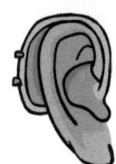

hörapparat

助聽器

desinfektionsmedel

消毒液

infektion

感染

virus

病毒

HIV / AIDS

愛滋病

medicin

藥物

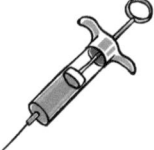

vaccination

接種疫苗

tabletter

藥片

p-piller

藥丸

nödsamtal

急救電話

blodtrycksmätare

血壓計

sjuk / frisk

生病/健康

Hjälp!

救命！

alarm

警報

överfall

突擊

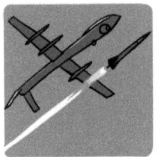

misshandel

攻擊

fara

危險

nödutgång

緊急出口

Det brinner!

失火了！

brandsläckare

滅火器

olycka

意外

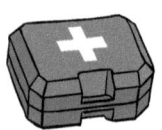

förbandslåda

急救箱

SOS

呼救訊號

polis

員警

Europa

歐洲

Nordamerika

北美洲

Sydamerika

南美洲

Afrika

非洲

Asien

亞洲

Australien

澳洲

Atlanten

大西洋

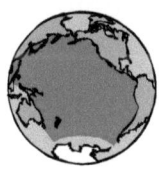

Stilla Havet

太平洋

Indiska Oceanen

印度洋

Antarktiska Oceanen

南冰洋

Arktiska Oceanen

北冰洋

Nordpol

北極

Sydpol

南極

Antarktis

南極洲

Jorden

地球

land

陸地

hav

海

ö

島

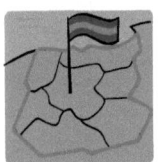

nation

國家

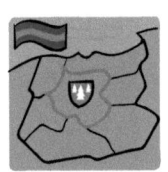

stat

州

urtavla

錶盤

timvisare

時針

minutvisare

分針

sekundvisare

秒針

Vad är klockan?

現在幾點？

dag

天

tid

時間

nu

現在

digital klocka

電子錶

minut

分

timme

時

måndag 週一 MO
onsdag 週三 W
fredag 週五 FR
TU
TH
tisdag 週二
lördag 週六 SA
torsdag 週四
SO
söndag 週日

igår
昨天

idag
今天

imorgon
明天

morgon
早晨

middag
中午

kväll
晚上

vardagar
工作日

helg
週末

regn
雨

regnbåge
彩虹

snö
雪

vind
風

vår
春

höst
秋

sommar
夏

vinter
冬

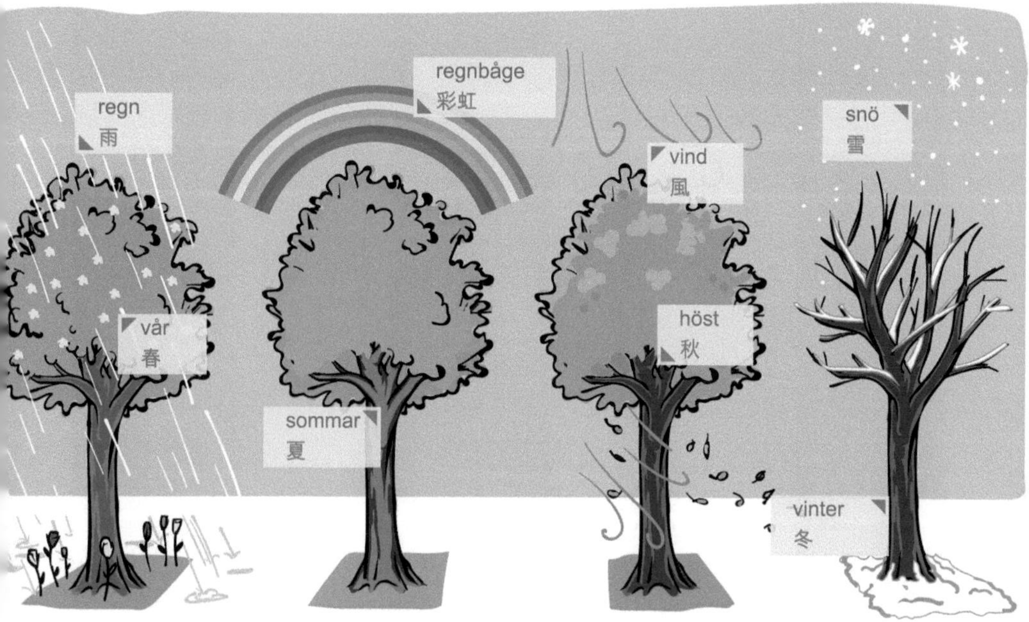

väderprognos
....
天氣預告

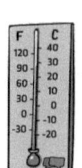

termometer
....
溫度計

solsken
....
陽光

moln
....
雲

dimma
....
霧

luftfuktighet
....
潮濕

blixt

閃電

åska

打雷

storm

風暴

hagel

冰雹

monsun

季風

översvämning

洪水

is

冰

januari

一月

februari

二月

mars

三月

april

四月

maj

五月

juni

六月

juli

七月

augusti

八月

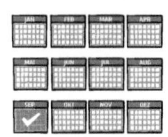

september

九月

oktober

十月

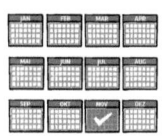

november

十一月

december

十二月

former

形狀

cirkel

圓形

kvadrat

正方形

rektangel

長方形

triangel

三角形

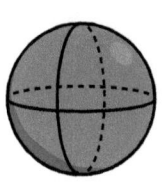

sfär

球體

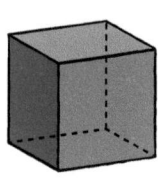

kub

立方體

vit

白

gul

黃

orange

橙

rosa

粉

röd

紅

lila

紫

blå

藍

grön

綠

brun

棕

grå

灰

svart

黑

mycket / lite

很多/少許

arg / lugn

生氣/平靜

vacker / ful

美/醜

början / slut

首/尾

stor / liten

大/小

ljus / mörk

明/暗

bror / syster

兄弟/姐妹

ren / smutsig

乾淨/骯髒

komplett / ofullständig

完整/缺失

dag / natt

白天/晚上

död / levande

死/生

bred / smal

寬/窄

ätlig / oätlig

可食用/非食用

ond / god

邪惡/善良

upphetsad / uttråkad

興奮/無聊

tjock / smal

胖/瘦

först / sist

第一/最後

vän / fiende

朋友/敵人

full / tom

滿/空

hård / mjuk

硬/軟

tung / lätt

重/輕

hunger / törst

餓/渴

sjuk / frisk

生病/健康

olaglig / laglig

非法/合法

intelligent / dum

聰明/愚笨

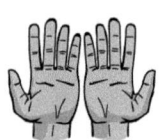

vänster / höger

左/右

nära / långt bort

近/遠

ny / begagnad

新/舊

inget / något

沒有/有些

gammal / ung

老/幼

på / av

開/關

öppen / stängd

打開/闔上

tyst / högljudd

安靜/吵鬧

rik / fattig

富/窮

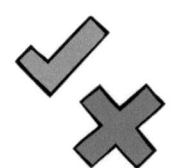

rätt / fel

對/錯

grov / slät

粗糙/光滑

ledsen / glad

傷心/高興

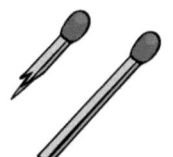

kort / lång

短/長

långsam / snabb

慢/快

våt / torr

濕/乾

varm / sval

溫暖/涼爽

krig / fred

戰爭/和平

0

noll

零

1

ett

一

2

två

二

3

tre

三

4

fyra

四

5

fem

五

6

sex

六

7

sju

七

8

åtta

八

9

nio

九

10

tio

十

11

elva

十一

12

tolv

十二

13

tretton

十三

14

fjorton

十四

15

femton

十五

16

sexton

十六

17

sjutton

十七

18

arton

十八

19

nitton

十九

20

tjugo

二十

100

hundra

百

1.000

tusen

千

1.000.000

miljon

百萬

engelska

英語

amerikansk engelska

美式英語

kinesisk mandarin

普通話

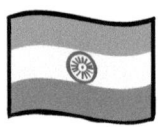

hindi

印地語

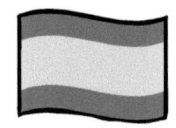

spanska

西班牙語

franska

法語

arabiska

阿拉伯語

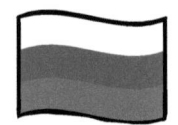

ryska

俄語

portugisiska

葡萄牙語

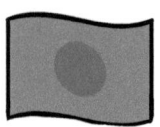

bengali

孟加拉語

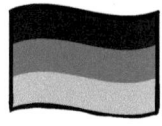

tyska

德語

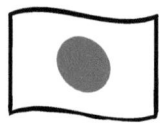

japanska

日語

jag

我

du

你

han / hon / den (det)

他/她/它

vi

我們

ni

你們

de

他們

vem?

誰？

vad?

什麼？

hur?

如何？

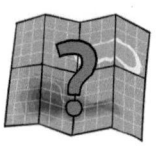

var?

何處？

när?

何時？

namn

名字

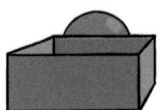

bakom

後面

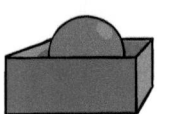

i

裡面

framför

前面

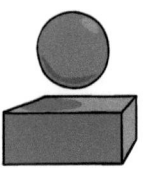

över

上方

på

上面

under

下麵

bredvid

旁邊

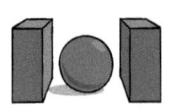

mellan

中間

plats

地點